GUARDABOSQUE

RICARDO DE CASTRO

Aliarediciones

Corrección: Eladia Guerrero
Diseño de cubierta y fotografías: Macu Anelo
@macuanelo
Maquetación: Aliar Ediciones

Depósito Legal: GR 1450-2024
ISBN: 978-84-10374-83-6

Impreso en España

Edita
ALIAR Ediciones
www.aliarediciones.es
info@aliarediciones.es

GUARDABOSQUE

RICARDO DE CASTRO

Hacia el aquí

Apuntes sobre ***Guardabosque***

Ernesto Suárez

Las Mercedes, isla de Tenerife. Octubre 2024

El ser humano moderno se ha querido imaginar a sí mismo como cúspide de toda realidad, como imán que debe atraer hacia sí el sentido de cualquier vida y de cualquier materia. Su fantaseada condición de centro o nudo excepcional lo hace sentirse diferente, a la vez que lo aleja del resto de la totalidad de lo vivo. Todo ha de adquirir significado a través de él; todo ha de rodearlo, preservarlo; todo debe estar a su servicio; todo debe ser gracias a él.

Sin embargo, el mundo es pertinaz y contraría cualquier prepotente ilusión, tanto de superioridad distanciada como de pureza solipsista. A poco que nos descuidemos, el mundo se despliega, nos aborda y atraviesa; nos coloca en nuestro lugar, que, en realidad, es su lugar. Edmond Jabés, poeta en lengua francesa de familia judía e italiana y nacido en El Cairo, dejó dicho: «Lo que llamas distancia no es más que lo que dura una inspiración, una espiración».

¿Desde dónde entonces debe escribirse el mundo? ¿Cómo dar noticia verdadera y sin distancia de la naturaleza que es y que somos en ella? ¿Por qué es necesario decir *mundo, naturaleza, lugar*?

En uno de los poemas del libro que ahora tienes entre las manos, Ricardo de Castro responde de forma ineludible:

Regálame tu tenue luz de esperanza
de un aire más puro y fresco
como se construye la memoria
de un mundo que se va

Sí, atender a la memoria del mundo, vagabundear por los lugares con una necesaria, lenta y minuciosa atención para conseguir ver, para alcanzar a decir cada retazo ante el riesgo inminente de la pérdida. Sí, la palabra como salvaguarda de la conciencia, la palabra como refugio, la palabra como plantón o esqueje que hará crecer.

Salicornia, avocetas, espátulas, almajo, aguilucho cenizo, abejas melíferas, azucenas marinas, charrán ártico, milano negro, vencejo, petirrojos, carboneros, regatos, martín pescador, sotos, acebuche; es el mundo vivo desplegándose en vocablos hermosísimos porque tampoco puede ser de otra manera; es el mundo vivo desplegándose en las páginas de *Guardabosque*. En su libro *La escritura indómita,* Mary Oliver, acaso una de las poetas contemporáneas que más y mejor profundizara en la experiencia del vínculo trascendente entre la propia vida y la naturaleza, afirma que cada forma establece un tono y pulsa una nota distinta a cualquiera otra en el universo.

Por tanto, *Guardabosque*: la guarda de la resonante diversidad entre —y desde— la palabra.

***

Los textos de *Guardabosque* invitan a reconocerse en la conexión con la naturaleza, en el cuidado del vínculo con la vida más allá de la nuestra. Sus poemas vienen a decirnos que, por paradójico que resulte, la externalidad del ambiente y de los enclaves naturales brindan a la persona la oportunidad de una identidad profunda. También de una intimidad que se sabe y quiere compartida, entre comunes. Así, ese bosque al que desde el mismo título del libro se conmina proteger no es otra cosa que, también, el propio ser, un ser con el excepcional don de adentrarse hacia un afuera renovador. O, como señala en alguno de sus versos, un ser que acepta conformar el fluir de esa sangre:

> *que no olvida*
> *el secreto*
> *del fractal de la vida*

Sangre y savia, alma de la puesta de sol, papel que sutura bosques y riberas, corazón de sal que surca la espuma; Ricardo es capaz de dar nombre a las corrientes profundas de la materia que surgen desde el alma. Igual azuza los espíritus de los lugares acogidos en sus poemas. Ese vínculo con lo natural habrá de ser, sin embargo, una experiencia personal transformadora o quedaremos atrapados en la simpleza del bastidor del paisaje pintado, inánime.

***

Gary Snyder, otro de los grandes poetas que miran cara a cara hacia lo salvaje y hacia la naturaleza afirma que «sin alrededores no hay camino y sin camino no se llega a la libertad». Ricardo de Castro no es un poeta joven, aunque *Guardabosque* sea su primer libro de poemas. De hecho, creo que nunca hubiera podido ser poeta joven porque su escritura del mundo requería de un paso demorado y diferente al de ese anhelo tan preciado cuando aún nos faltan los años por cumplir; mejor, cuando aún falta ese tiempo que ojalá nos fuera cumpliendo.

Así, hasta llegar a este *Guardabosque*, el autor ha rondado sin prisas, mucho y bien, por variados menesteres creativos. Ahí está la música con Contradanza, su banda; ahí está su pintura, también la fotografía y la cultura del viaje. Y es precisamente a través de todo ese deambular parsimonioso y consciente que actúa su visión poética. Porque «cada vuelta de rueda / es un conjuro de ozono», puede leerse en una de las páginas de este libro.

Aquilatada en tales trajines la manera de su mirar pausado, fija, aquí y ahora, estación en el poema. Cada uno de los textos que componen *Guardabosque* se asienta en una experiencia que poco a poco ha ido despuntándose, hasta convertirse en palabra compartida y viva. No hay en ellos escamoteo, nada hay de impersonal, y todo puede ser considerado pie para enseñanza. De cada anécdota se ha procurado extraer, con honestidad y templanza, la claridad de la existencia, como si las palabras brotaran hacia el poema, simples y directas.

Desconozco qué deparará el tiempo a los poemas de este libro. Aun así, asumo no equivocarme si digo que Ricardo de Castro sería feliz si alguno de ellos llegara a convertirse en rumor de voz antigua, en chasquido detrás de la lengua que siga resonando desde la memoria hasta el aquí libre de la vida.

No vemos las cosas como son
las vemos como somos.
Anaïs Nin

Creo que una hoja de hierba, no es menos
que el día de trabajo de las estrellas,
y que una hormiga es perfecta,
y un grano de arena...
Walt Whitman

emboscada

HACIA LO SALVAJE

Siempre decías que detrás
de una montaña hay otra caminar
un poco más desde el recodo seguir
donde se pierde el sendero

A lo lejos los glaciares
los bosques primarios
el nacimiento de los ríos
las alturas
las simas
oseras
huellas de lobo
cabañas de pastor abandonadas
muros de piedra
abrigos
los últimos hayedos
allí donde no se habita

En las noches de rapaces nocturnas
Casiopea era el techo
y el lecho
los arenales veteados de enebro y sabina
en los acantilados de dunas fósiles
que dibujan la costa

Ahora te recuerdo entre mapas y cuerdas
fraguando aquella despedida
de piedra pulida de río y rosas del desierto
la tarde que saliste urgente
para buscarte
a ti misma
con el miedo de encontrarte

SOL NEGRO

La geometría de los compañeros alados
ha cubierto el sol al atardecer

Como un solo cuerpo
en las corrientes de aire templado
que rachea sobre la marisma
cientos de aves
hallan el capricho de la forma cambiante

Del sur al norte
se esconde el misterio
de la migración de las aves
la precisión mágica
de la ruta que se dibuja
en la posición de las estrellas en la noche
en la memoria del paisaje
en los trazos del dibujo de la costa

Es la maniobra de una danza
es el aire de la canción
es el murmullo de la bandada
capaz de lo que uno solo
nunca podrá alcanzar

Ribe, P. N. del Mar de Wadden, Dinamarca.

EL MAR SIEMPRE busca su sitio
empuja los paseos marítimos de cemento y ladrillo
carcomiendo en la galerna
la base de los sueños de los concejales de obras
buscando la arena de la playa entre los cascotes
recuperando las grandes algas sobre los autos mal aparcados

El río nunca se olvida de sus caminos
parece que se duerme en los años
haciendo creer que no le importa perder sus dominios
el campo donde juegan los regatos

Pero en los años de tormenta
recuerda de golpe su nombre
y sin previo aviso recorre con sus rápidos dedos de agua
el cuerpo de su amante abandonada
la tierra que lo separa del mar
gritando su historia
entre ramas rotas y bolsas raídas de plástico azul

ANCLAS DE ALMADRABA

Arando sin descanso en las dunas
con hierba de regaliz y lirios de arena
viejas anclas de almadraba
gigantes cruces tumbadas de un cementerio marino

Ya nadie recuerda vuestro nombre
ni la razón del dédalo de los atunes rojos
ni el sudor de las filas de marineros
de piel curtida por el salitre de los años
ya no existe la memoria de las primaveras circulares

Antes, cuando rozaba el litoral la primera bandada del año
despistados
después de cientos de millas
rompiendo la espuma de las olas
sorteando las terribles galernas
un grito rompía la mañana de mayo
sacudiendo la espera del año
el aviso de que otra vez el minotauro del océano
halló la puerta del laberinto de redes trenzadas
y que el ciclo de la vida en la tierra y el mar
se inicia de nuevo

Barril, P.N. Ría Formosa, Algarve.

RÍO GRANDE

Este río bajó abrupto de las montañas,
manseando luego entre olivares,
para caminar por las llanuras de huertas
y campos de naranjos
que fertilizan sus crecidas

En este río subía el esturión a desovar,
la garza real campaba altiva entre juncos y sotos,
y en los retazos del bosque de ribera,
se adivinaba al martín pescador
como un pequeño relámpago multicolor

Este río que todavía guarda
el eco de las voces de los gancheros
que bajaban sobre las pinadas,
imponentes maderos insumergibles
con los que luego se levantaron catedrales y navíos de línea

Este río que vio llegar el oro
de los templos del Inca
y lloró agua turbia
por los esclavos negros en los mercados
Este río que vio partir a las naves
que dieron la vuelta al mundo
por el sueño de las especias

Este río que llevaba la vida
hoy pena
cercado de presas y canales,
diques y compuertas,
maltratadas sus orillas
por años a espalda de los hombres
y se desangra
entre limo y nitratos,
plásticos y restos de almazara,
en su camino hacia el Atlántico,
hasta la Punta de Malandar

Este río
que a nadie le importa,
hoy es una sombra
de sus fuentes

Desembocadura del Guadalquivir,
Sanlúcar de Barrameda (Cádiz).

LUCIÉRNAGA
cuando se vaya el sol
llévame por los senderos perdidos

Guíame por el corazón del bosque
hacia la música de silencio
de las corrientes de agua

Déjame sentir los campos de la infancia
donde te multiplicabas desde el ocaso
pequeño cielo de estrellas minúsculas

Regálame tu tenue luz de esperanza
de un aire más puro y fresco
como se construye la memoria
de un mundo que se va

Vagalume,
luz a la deriva
en el recuerdo

CABEZA DE ALCORNOQUE

en tu cuerpo antiguo
en tu memoria de corcho
se guardan las heridas de incendios pasados

Eres tozudo como un enamorado
inteligente en sombras y frutos
evocador
agradecido a las tormentas
cómplice de hongos y helechos
aéreo
resucitado
hermético

Madera de barco
tonel de oloroso
carne de acuarela
que convocas a los vientos de las laderas
a las rapaces de la noche
a las estrellas del Cisne que se intuyen entre tus ramas

DIOS DE LA MARISMA
entona la canción del viento de oriente
seca con tu aliento de fuego
el fango de los caños
corre por el laberinto de los caminos
azuzando el vuelo de avocetas y espátulas
sube a la pirámide de nieve salada
y grita al aire el nombre de Tanit, tu compañera,
la portadora de la luna

Y desde arriba, en la montaña de sal,
con la vista en el horizonte de salicornia y almajo,
revive el hambre y la pobreza
la piel curtida como cuero
el alfabeto de resistencia
la alegría y la tristeza marina
de los viejos salineros
y los mariscadores furtivos

SANTUARIO

Esquivo peregrinos y caballos.
camino urgente en zigzag
entre carretas y hermandades

Niños con cirios encendidos
en la noche sin luna
de la marisma

No quiero oír
más cantos y danzas
para la virgen de la aldea

Tras el gentío
que reza equivocado
mis pasos seguros en la arena
me dirigen al santuario vivo
al padre acebuche de los mil años
Dios orgulloso
que sigue regalando su sombra
a aquellos
que lo ignoran cada día

El Rocío, Doñana, para Ana M.

AFROBEAT

En Nigeria se fue el mártir
de nuestro lado
defendía la verdad y los derechos humanos
a golpes de guitarra eléctrica y djembé

Un murmullo gigante
recorre las calles
y los barrios pobres de Lagos
hasta las casas de los militares
corruptos de petróleo
para quebrarlos en mil pedazos

Fela
Kuti
Ayé

VIDA DE UN ÁRBOL

En lo alto,
entre las enormes ramas podadas del gran ficus,
y el verde arrancado de cuajo
se adivina una pequeña sombrilla japonesa de tonos añiles
que a duras penas salva del calor tropical
a una mujer joven
que ha escalado hasta este lugar
vestida con el verano

A horcajadas,
con valentía,
ella está sentada sobre el muñón de una rama gigante
hasta hace poco cobijo de aves urbanas

El árbol centenario
patrimonio aéreo de alfareros y marineros a tierras lejanas
frente a la iglesia del barrio
ha perdido la mitad de su soberbio porte
pero por esta chica rebelde
sigue hoy en pie
legando
su alegre vida sombría

Triana (Sevilla).

MEDUSA

En el Mediterráneo recalentado
de nuestros pesados días,
a la deriva
nadan tortugas marinas
entre plásticos transparentes
que se deslizan como calamares sintéticos

Las hermanas medusas,
multiplicadas,
se dejan mecer por la marea parada
lanzando sus cabellos tóxicos
en la bajamar

En el cielo marino,
la gran nebulosa
recuerda su origen.
De un tajo Perseo
degolló a la guardiana
y nació Medusa
con su mirar de fuego
que convierte en piedra
a aquel que osa cruzar
el camino de sus ojos

LA MUJER ÁRBOL

Una mujer está perdida en su laberinto
un río de savia verde
que lleva la vida hasta un lugar incierto
mientras
retumba una canción antigua
en la casa de las hojas de otoño

Danzando delante de tanta gente
y no mira nadie

Porque saben que la fruta prohibida vive en su vientre
y un halcón lleva en su pico
la llave de esa puerta en el camino del bosque
que solamente ella conoce

Berlín, para Teresa M.

CONJURO DE OZONO

Cada pedalada de bicicleta
es una oración por la Amazonia
una revolución de selvas y simios salvajes
un golpe de brisa fresca sobre los barrios
la música de los arroyos recuperados
plantones de encinas y castaños en tierra quemada
la salvación de los nidos del aguilucho cenizo
un paisaje que cura la vida cotidiana
la danza de los mirlos urbanos
la canción fértil de las abejas melíferas
una procesión laica por la lluvia

Cada vuelta de rueda,
es un conjuro de ozono

DONDE

peinando algas de verde metálico
con sus dedos de flor de sal
las mareas vivas de la bahía
descansan los días sin luna

Cuando
dormitan las barcas
sin matrícula
ni
patrón conocido

Como
el sol
que atardece en un brochazo violeta
pone a callar al Levante

Dos mariscadores antiguos
sentados comparten
una ascua de hierba santa

Al fondo
un baile de gaviotas
y la música oculta
del corazón del aire

Casería de Osio, La Isla, Cádiz.

LA PALMERA MUERTA

El tronco enhiesto de la palma
guarda apenas
el camino de la villa abandonada

No despierta del sueño de los dátiles perdidos
ni recuerda la sombra de un oasis desconocido

un fantasma rojo
que llegó volando
desde las casas ilegales de la playa
taladra la memoria
de los años antiguos
de los caballos asilvestrados
de los horizontes de acuarela desvaída por el tiempo
de los amores salvajes de primavera
que no podrán vencer
la codicia y la desgana
de los constructores corsarios de urbanizaciones vacías

LA MUJER AGUA

Saltando entre árbol y roca
esa risa es un chorro transparente
con sombras de pequeñas hojas y frutos de otoño
con la alegría de la sorpresa de la vida cotidiana
como una danza lenta del final del día

Tu agua sigue su curso
por los campos recogidos y las vidas que se van
empujando con su melodía mineral
poco a poco
las sombras y los disfraces

Hacia los estuarios
donde las dunas desnudas
anticipan el hueco de tu cuerpo
con lirios y azucenas marinas

para Macu A.

CORAZÓN DE SAL

De cara siempre al temporal
algas secas en el pelo
en pie en la pleamar
y con la vida detrás

almadraba abandonada
donde los lirios tumbados
rozan claveles de duna
tesoro de vidrios gastados

sombras en la arena
aves al viento
los pasos perdidos
los mares abiertos

guardando la orilla
charranes de paso
migrando en la estela
de una luna nueva

Camposoto, La Isla, Cádiz.

ANDO en círculos
por el fango de la marisma
mariscando el sur
a tu alrededor

La luna mordida
empuja sin misericordia
el sol hacia la tierra

Un charrán ártico
con pulseras de plástico de colores en su pata izquierda
duda y planea sobre las orillas
repletas de salicornia joven
mira con ojos de sueño de varias semanas de inmigrante ilegal
y me disuelve el corazón en salitre y agua.

LA DIOSA BLANCA
me está hablando otra noche
mientras vierte su halo de plata
sobre la mitad de la humanidad

Nadie
Nada
escapa
al influjo poderoso
de los mensajes cifrados e infinitos
a la seducción de la gravedad
en todas sus fases y ciclos

El movimiento inmenso y pendular de mares y océanos
que en su exactitud circular
de doce horas y veinticinco minutos
empuja la pleamar,
tímidamente,
en los pequeños mares
y como un dragón
que despierta de una pesadilla,
en las aguas abiertas del norte

Tu luna
que ampara el tránsito anual entre continentes
de los milanos negros y los halcones
y regala la sincronía con las mareas a los alevines de tortuga
recién roto el nido de las dunas tropicales

también otorga
el poder del secreto encarnado
a las hermanas y compañeras

Nueva, distante, creciente, rota, terrible, íntima

MIRLO

El canto desesperado del mirlo
anuncia
el fin de la tormenta
y mayo
se desliza
entre el perfume
de la tierra húmeda

refugio

TAREAS PENDIENTES

Saltar al corazón de una tormenta de azul cadmio
Cocinar tus palabras con leche de coco y jengibre
Besar el hueco cóncavo de tu rodilla
Medir el tiempo de los árboles
Navegar entre islas

Recoger tu humedad con mis manos
Recortar las sombras de los caminos
Guardar el aire de las montañas
Lavar tu pie izquierdo en agua tibia de salvia

Danzar en los trigales verdes sin tocar las amapolas
Abrazar nogales enormes
Dibujar el perfil de las aguavivas
Girar como derviches en la bajamar

Traducir el vuelo de los vencejos
Cortar las alambradas de los caminos
Descifrar el misterio de las piedras antiguas
Oler tu pelo revuelto
Dejar pasar a las palabras sin casa

OLVIDO

Navega
el viento del norte
entre los brazos nervudos del árbol
cobijo de petirrojos y carboneros.
Ancianos olivos abandonados
que escriben en la montaña
con letra antigua
sobre las escorrentías
sobre las laderas pedregosas
frente a los muros de piedra seca
historias de esfuerzo
batallas
y amores

Sangre esmeralda
centenaria
que no olvida
el secreto
del fractal de la vida
que fuimos
y de aquella
que nunca conoceremos

ISOBARA

Derribados
sobre el prado
vigilando los cielos
como un espectáculo de danza contemporánea

Capas de nubes densas
y otras desvaídas,
con el gris de la lluvia contenida
o con el brochazo lila de un sol en retirada
cúmulos veloces
perezosos dibujos de estratos
un caudal de emociones
que asciende en el agua condensada
hacia lo más alto
imágenes en tropel
que marchan sin descanso
al norte

Te pregunto
en qué piensas
y me susurras
ya
en nada

RÓMPEME en cien pedazos
y por la noche
únelos con tu saliva
como quieras
dame una nueva forma
un destino diferente

Y te llevaré a un jardín antiguo, olvidado
donde se buscan los amantes
donde aún viven luciérnagas
que ordenan de madrugada
el tráfico nocturno de los senderos

Reinvéntame
y te pintaré el pasaporte de la cara oculta de la luna

UN HALCÓN

La sombra de la montaña
recoge mi caminar despistado,
estoy en el sendero
subiendo
entre castaños y encinas
pero mi pensamiento es un halcón
que sobrevuela el bosque
planea el río
deja atrás los campos de labor

El viento del norte
se asoma racheando
la cima aparece
y se va alejando
veredas perdidas
un silencio extraño
pero mi pensamiento es un halcón
que sobrevuela el bosque
desciende a la casa
donde se despereza tu amor

¿CUÁNTOS NOMBRES TIENE LA NIEVE EN INVIERNO?

Un blanco estremecedor de ala de gaviota lavada en el mar
El grito desnudo de un albino
El miedo ante el papel vacío
Una lubina a la sal abierta en dos
La risa nueva de la luna

Y sobre todo la memoria
del brillo salvaje de tu espalda
sobre la arena

TOUR DE FRANCIA

El periódico arrugado
resbala al suelo
en la duermevela
de una tarde del mes de junio

Parece que, finalmente,
el pelotón
acaba de capturar
a los escapados
en algún rincón
olvidado de la Provenza

De la misma forma
yo me pierdo
en el premio de la montaña de tus pechos
en la contrarreloj de tu sexo
en la meta volante de tu espalda

COINCIDENCIAS

Contigo recuperé mi fe
en las casualidades

Toda una aparición
eras guapa y morena
podía hablar contigo hasta la medianoche
de músicos brasileños
me liabas cigarrillos de tabaco dulce
con tu maquinilla de siete años
con todo el cariño
parece que casi nos tropezamos
sin conocernos
el año pasado
en los carnavales de Cádiz
nos gustaban las aves marinas
y seguir las estrellas

Aquella tarde, en Santiago
mientras compartimos
un té con naranja
y un roce distraído de rodillas
con una mirada suave como la miel
me contaste una nueva coincidencia

También
como a mí
te gustaban las chicas

LA MUJER LOBA

En las noches de luna llena
tus recuerdos saltan
sobre mí
como un lobo

Abriendo un surco
en el pecho
por donde escapa la soledad

JADEO

subo
camino
me visto de nuevo
recojo la ropa
te extraño
recorto una sombra de recuerdos
cocino tu silencio
y a veces me revuelvo
como un peatón enjaulado
como un ejército de hormigas cabreadas
y otras me abandono
como el rorcual varado en la bajamar
luchando por no vivir en mar abierto

EL RAYO VERDE de los atardeceres perdidos del Atlántico
La savia nueva de abril
La viña que espera a la sombra
El reflejo esmeralda del mar
El susurro del aire en las hojas del roble
La luz tranquila de tus ojos

NUDO

Un
tren
nocturno
que
va
de
tu
corazón
al
mío
está
perdido
rondando
en
un
nudo
ferroviario

OBJETOS PERDIDOS

Esa pelea de boxeo que nunca termina
ese cuadro pintado con luz extraña
un balón firmado por los doce jugadores
un incendio en la ciudad una noche de agosto

Las viejas fotos de la mili del abuelo en África
la guerra civil en tu cuarto
los rayos X del médico de pueblo
la mujer del hombre invisible

El circo de los payasos enfermos
la mirada del jilguero mudo
luna llena sin estrellas
las telarañas de la bicicleta

Los golpes de los jugadores de rugby
el sueño del héroe dormido
las sábanas de la gitana
la estación del tren olvidada

La guitarra de objetos perdidos
los pasos seguros del ciego
el pan duro del soldado
el reloj de sol de la hermana de Cervantes

HAZME REÍR
y te regalo un collar
de nubes violetas

escribo tu nombre
en mandarín

te invito a cenar
una crema de calabaza picante

te dejo prestado
mi mapa del tesoro
y un camino marcado
con posos de café

INVERNADERO

Siémbrame bajo plástico
planta mi corazón
bajo una mata de tomates
de un rojo extraño

riégame gota a gota
con un poco de tu agua
fertilízame
suavemente

y cuando madure
en este invernadero
me dejaré comer
sin protestar

FÓRMULA

No pisar los adoquines de color oscuro

Saltar todos los charcos

Contar los coches con un solo pasajero

Andar siempre por la sombra

Sonreír en todos los escaparates

Y así
quizás,
cuando llegue
te encontraré sentada
en la plaza

BARRIO CIRCULAR

Ella se retuerce
entre las sábanas de su cama
un sueño la zarandea
al fondo los ruidos de su madre
que trastea en la cocina

Cocina que iluminan
dos ventanas metálicas
abiertas sobre un patio
donde un viejo gato
lucha con un cubo de basura
para llevarse algo a la boca

Boca abierta la del borracho
que se tambalea esquivando farolas
danzando entre los coches
empapado por la lluvia que cayó
durante toda la noche

Noche sin estrellas
sin ti es aún más negra
Solo un fuego de muebles viejos
que encienden los gitanos rompe
con las sombras que bailan
flamenco en las paredes

Paredes del viejo barrio
que sangran por sus grietas
bajo los árboles que cobijan
el grito del autillo
autillo que vigila
el sueño cansado de ella

HECHIZO

erizo
reina de las fresas

Donde duerme un lince asmático
soñando con una nube de algodón de regaliz
mírame dentro
hay un niño sentado
esperando que alguien abra la puerta
oye los latidos del campo de maíz
me sales por el nivel freático
de tu humedad salada

Otra noche en blanco
escribiéndote tonterías
que nunca vas a escuchar

Un eco vegetal
que te ayuda a caminar
con ese bamboleo de animal joven
miras al revés
y no reconoces tu sombra
que se zambulle en un charco de agua

Donde
Resisten
Mis
Favoritas
Solitarias
Labrando
Sitios
Dorados

Silbando un do-re-mi

SANGRE Y SAVIA

Versos que se mastican
palabras que muerden
que se agarran al aire salino
que buscan la sombra

Poemas de sangre y savia
que resbalan en la roca mojada
por la espuma marina
que miran al horizonte
en la luz del adiós
que sueñan a ser amapolas solas
gritando en el trigal

Sonidos de barrio
memoria de papel y hojas de álamo
palabras mestizas
que moldean los sueños
en terracota de olvido
y hambre de cariño

vereda

ESTRAPERLO

A veces, la frontera es una raya marcada en el aire
coordenadas de papel que suturan bosques y riberas
con vidas que penden de un hilo
contrabando de amores de barranco
estraperlo de lenguas compartidas
y músicas paralelas

Otras, son aduanas del dolor y la pobreza
formularios de sangre
noches ventosas sin estrellas
confusión de olas terribles
guerra y fuego en el bosque
fronteras donde la esperanza no tiene dioses

CEMENTERIO DE CARAVANAS

Descansen en paz
esos veranos en Escocia
aparcando en un bosque de abetos recién llovidos
a la orilla del Loch Ness

Una oración
por el alma de las puestas de sol en el cabo San Vicente
cuando el último surfista intenta ganar la playa
bogando en una pleamar anaranjada

Un recuerdo
para los amores prometidos
en el parking del puerto de Roscoff
en la Bretaña francesa
y los gritos de los pescadores
que atravesaban las tímidas ventanas
de aquella vieja Avia

Cuánta vida se destila
en estas filas asustadas
de chatarra blanca

MARÍA GALANTE

En la isla de Culatra
las calles son de arena y adelfas
buganvillas y madera de deriva
y un sol que pelea cada tarde
contra el faro del horizonte

Desde el café secreto de los pescadores
y los labradores de almejas
solo hay un salto
hasta la laguna salada donde se ocultan
antiguos veleros tumbados
y gabarras abandonadas
que allí han encontrado su último puerto

Solo la María Galante
desahuciada en tierra firme
refugio del viejo nómada marino
ahora capitán del fango y las algas secas
se despereza con el palo mayor acostado
y la proa hacia poniente

Allí, entre redes rotas
latas oxidadas con plantas
botellas vacías de vinho verde
ropa tendida
y una radio cascada que vomita reggae

persevera en su letargo
soñando con travesías de salitre
y cargas inconfesables

Ilha de Culatra, Algarve, Portugal.

COMO HUMO de kif
se evaporan las sonrisas libres
de los niños beréberes

Ropa de segunda mano y
todo el tiempo del mundo
para jugar en las terrazas en barbecho
del valle de Tamalut.

Un joven milano negro
traza una línea quebrada
bajo los cúmulos grises y blancos
lanzado desde los cedros
en la falda de los dos mil metros del Kelti

Mientras
una niña te mira furtiva
y acelera el paso
al volver de la fuente a por agua

Tamalut, montañas del Rif, Marruecos.

EL SUEÑO DE ARIADNA

Cuando despertó
comprendió el abandono
midió soñolienta la distancia hacia las velas
donde Eolo mandaba el viento del norte
allí donde nadie vuelve los ojos.

Bajo un acebuche de mil años
en el prado que roza la arena
había soñado con laberintos y monstruos.
Sin su astucia
no existiría el héroe
no habría muerto el minotauro
su medio hermano.
Ahora, desnuda de nácar y púrpura
aún magullada tras la huida
sin familia, sin amigos, sin banderas
se sabe traidora de su sangre.

Con una brisa templada
la pesadilla se rompe en mil pedazos
el rencor se vuelve líquido
por la extraña música de las flautas dobles, los címbalos, los panderos
por la danza simbólica de las ninfas y los sátiros
que arrojan pétalos de violetas y flores blancas de narciso.

Y en la desesperanza
un rostro ofrece burlón una copa de vino cobrizo
y una corona de hojas de vid
lanzada al cielo de los dioses.

LOS CINCO SENTIDOS

El miedo del toro a las cinco de la tarde
Los cinco dedos sobre el mástil de la guitarra
Los cinco huecos de cada cuerpo
Cinco llagas
Cinco hermanos perdidos en el bosque de otoño
El llano donde empiezan los cinco caminos
Cinco vueltas al tronco muerto del castaño
Las cinco vidas restantes

LA PEQUEÑA ACRÓBATA

Cuando la gente del circo
plegó la carpa
ella
huyó de la casa
saltó a la caravana
hacia una estrella desconocida
que se resbala en los surcos
del camino de poniente

Ahora,
la pequeña acróbata
se estira en un sueño
como el ronroneo
de las fieras
que se acuerdan
de lo que fueron

EL SUSURRO DEL TIEMPO
roza los campos de piedras erguidas
en el sur de la Bretaña

una marea antigua que pende aún
de las ramas de los viejos robles
y los manzanos silvestres

una canción que remueve el aire del mar

un corazón de sal
que surca ahora la espuma de un nuevo día

Carnac, Bretaña, Francia.

EN LA FRONTERA

Que rápido pasan las nubes
grises de agua fresca
rozando las cumbres perdidas
de los Pirineos

Solo paran a peinarse sobre los lagos
de cristal verde suspendido
jugando hasta llegar al sitio donde,
entre el granito roto por los siglos de hielo,
como humilde hilo de agua
nace el río

Aún, en las sendas pueden sentirse
las huellas de los miles de hombres y mujeres
que huyeron por estas quebradas
buscando pan y compasión

Al aviso de peligro de los gritos de las rapaces
abedules y hayas y serbales
se abrazan y se cierran
dejando sin aliento al viento del rencor

LA MUJER PÁJARO

Cuánta alegría
roza los cúmulos y nimbos
mojados de violeta y ocre
en el final del otoño

Para comprender a los demás
la mujer pájaro elige planear
dejarse llevar por las térmicas

abre el corazón
como una vela de seda

estira la vida salvaje
que le brota por los poros

olvida la rabia
de la historia cotidiana

sobrevuela el agua quieta
de los esteros

Entre avocetas y correlimos
que despegan del barro
para sumergirse en los destellos del gozo
los dóciles recuerdos

busca los senderos que guían hacia el sur
la ruta de los que migran con las estaciones
al otro lado de la memoria

AUTOPISTA
luz de luna nueva y neón
contrato
vudú
legendario
cola
nailon y gomaespuma
policías corruptos
extranjería
llamadas perdidas
mentiras
diagonales
ropa
usada
saliva y cigarrillos

Como una bandada
desorientada
de aves migratorias
amores metálicos
para hombres de paso

LA HIJA DEL PIRATA
rasga trozos de tela
negra
para coser una bandera
filibustera

Ordena en el estante
los restos del botín
cambia de sitio
las botellas de cerámica
vacías de ron de Jamaica
y ginebra holandesa

La niña corsaria
limpia el mapa del tesoro
enmarcado en listones de madera noble

Cansada de ser un amor de puerto
guarda la daga
damasquinada
en la liga aterciopelada
y espera
sentada en la taberna
entre polkas y valses de acordeones rotos
la vuelta de aquel grumete
que prometió llevarla de vuelta a Galicia

D. F.

En el distrito federal
el viejo republicano
aprieta en sus manos
una figura de miga de pan de colores
de San Andrés de Teixido

El rumor incansable
de los acantilados de Galicia
escala por la pirámide de Tenochtitlán

¿No acaba de llegar
el aroma de la hierba de namorar
y de algas secas?

a mi abuelo Ricardo

LAS AZOTEAS y los patios de Sevilla
están cubiertos por un polvillo ocre
traído por una tormenta caliente
que convirtió la mañana
en una noche amarillenta

Mientras la gente protesta
barriendo casas
y limpiando coches
yo me alegro
de poder pisar con los pies descalzos
las arenas de una duna del Sahara
y volver a los tés con menta
en Merzouga

ENSEÑANZA DE LA HIGUERA

Que el tiempo es circular

Que la sombra del mediodía es un canto de pájaros

Que hay frutos que son flores

Que el color se construye en el azar

Que el amor es verte dormir

Que la historia es un cruce de caminos

Que caminamos de higos a brevas

Que las libélulas danzan con músicas secretas
y las chicharras no duermen la siesta

Que los recuerdos caen del cielo

Que las tormentas tienen casa

Que hay árboles que son como libros

para Fernando G. y Belén M.

ÍNDICE

refugio

vereda

Este libro se terminó de editar en Granada
en octubre de 2024 por

www.aliarediciones.es

info@aliarediciones.es